나는 사과나무가 되고 싶다

시산맥 서정시선　068

나는 사과나무가 되고 싶다
시산맥 서정시선 068

초판 1쇄 발행 | 2020년 9월 3일

지 은 이 | 박용섭
펴 낸 이 | 문정영
펴 낸 곳 | 시산맥사
편집주간 | 이성렬
편집위원 | 강경희 안차애 오현정 정재분
등록번호 | 제300-2013-12호
등록일자 | 2009년 4월 15일
주　　소 | 03131 서울특별시 종로구 율곡로 6길 36,
　　　　　 월드오피스텔 1102호
전　　화 | 02-764-8722, 010-8894-8722
전자우편 | poemmtss@hanmail.net
시산맥카페 | http://cafe.daum.net/poemmtss

ISBN 979-11-6243-128-3 03810

값 9,000원

* 이 책은 전부 또는 일부 내용을 재사용하려면 반드시 저작권자와 시산맥사의 동의를 받아야 합니다.

* 이 도서의 국립중앙도서관 출판시도서목록(CIP)은 서지정보유통지원시스템 홈페이지 (http://seoji.nl.go.kr)와 국가자료공동목록시스템(http://www.nl.go.kr/kolisnet)에서 이용하실 수 있습니다.(CIP제어번호 : CIP2020033705)

* 이 시집은 교보문고와 연계하여 전자책으로도 발간되었습니다.
* 본문 페이지에서 한 연이 첫 번째 행에서 시작될 때에는 〈 표기를 합니다.
* 이 도서는 부천시 문화예술발전기금 일부를 지원 받아 제작되었습니다.

나는 사과나무가 되고 싶다

박용섭 시집

尹拯先生 詩　윤증선생 시

愛慈新築近匡廬　終古山居勝野居　秋葉春花明戶牖
苔班松經堪携杖　日曛香案好展書　獨恨美人雲外隔
溪聲岳色滿庭除　　　　　　　　　　　　　　　　　　　 𣃁凭危石看潛魚

애자신축근광려　종고산거승야거　추엽춘화명호유
태반송경감휴장　일교향봉호전서　독한미인운외격
계성악색만정제

새집이 광려산과 가까운 걸 사랑하．옛날부터 들본다는 산이 살기 좋다 했지
가을낙엽 봄꽃이 창문을 비취주고．뜰에는 물소리와 산빛이 가득하네
이끼덮힌 오솔길에 지팡이 들고 산책하고．사랑우리에 해오르면 책을 펴고 독서하지
다만 하나 미인이 멀리 있음 한스러워．바위에 기댄 채로 물고기를 구경하네

■ 시인의 말

내 꿈은 왕이 되는 것이다.

살아있는 것은 새롭고

시간과 함께 변하면서 익어갈 것이다.

새로운 생각으로 사는 사람은 거듭난다.

왕이 되기 위해

오늘도 나는 허물을 벗는다.

2020년 8월, 박용섭

■ 차 례

1부

동안거 - 19
호박꽃 - 20
오래된 사전 - 21
최신형 컴퓨터 - 22
어쩌려나 - 24
어머니 - 25
봄 전령 - 26
당당하게 - 27
찬밥 한 덩이 - 28
둥근 달처럼 - 30
달세 - 31
씨받이 - 32
그래도 - 33
보약 - 34
술 상무 - 36
복숭아 - 37
도둑맞은 시간 - 38
누구의 지팡이 - 39
웃음 - 40
이런 일 - 42

2부

나는 사과나무가 되고 싶다 - 45

오늘 밤은 안 돼 - 46

늙은 달 - 47

쌀 고방 - 48

무임승차 - 49

요새 - 50

별 마루 뜬달 - 51

인사동 이야기 - 52

굴포천 - 53

받침돌 있어야 - 54

탯줄 묻은 곳 - 55

부자는 - 56

스위치 - 57

덕평휴게소 가면 - 58

버팀목 - 59

새벽 항구 - 60

바위의 족보 - 62

출근길 - 63

밀당도 밥이다 - 64

말의 기술 - 65

3부

청소부 – 69
누구라도 가는 길 – 70
열정 – 71
절대로 – 72
쪽박섬 – 74
알게 되었을 때 – 76
독 – 78
빛 – 80
자목련 – 81
천둥벌거숭이 – 82
억척스레 – 84
디딜방아 – 86
침묵 – 87
지혜 – 88
명상 – 89
할머니 – 90
가난 – 91
단잠 – 92
언 땅 녹이듯 – 93
말미 – 94

4부

직지^{直指} - 99

똥쌈 - 100

포부 - 101

팔베개 - 102

깨진 유리창 - 104

봉화역의 추억 - 105

겨란꽃 - 106

기생꽃 - 107

처녀치마꽃 - 108

코로나19 - 109

아버지의 뼈 - 110

풀린 구두끈 - 112

상처 싸매기 - 114

흉 - 115

몽당붓 - 116

꿈은 이루기 위해 - 117

눈 속에 핀 꽃 - 118

초겨울 고추밭 - 119

목련 붓 - 120

■ **해설** | 이병렬(소설가, 시인, 문학박사) - 123

ential purposes.

1부

동안거 冬安居

하얗게 꽃이 널려있는
지난해 고추밭에서
냉이를 캔다

잡풀 사이에 아직 나처럼
깨달음을 얻지 못한 것이 있다
쑥부쟁이 황새냉이

참냉이를 캐어 돌아오면서
돌아오는 동안거에는
내가 조금 더 가벼워지면
좋겠다는 생각으로
가득했던 때가 있었다.

호박꽃

헛간 용마루 잡고 건너
뽕나무 원줄기로 오르는 호박순
꽃을 피웠다

아버지
가시밭 가까운 좁은 길에서
뱁새 대가리를 겨누는 자는 잡을 수 없고
멧돼지를 겨누는 자는 잡을 수 있고
멀리 넓은 곳 향해 오르는 낮은 자세로
세상을 겨누는 자는 얻을 수 있다
호박꽃처럼 피어 넉넉하면
왕관 쓴 사슴도 온다

아버지의 그 말씀이 생각난다
우리 집 담장에 호박꽃이 피었다.

오래된 사전

선 하나에 그림이 되고 눈물도 되고
미소도 보인다

할머니 주름살처럼
그 주름살 곱게 만져 준다

상처투성이 길도
잊지 않으려 웃으며 갔던 길
안면에 새겨놓고
힘겨운 일이 악물고 간 길
행복한 책장 속에 놓고
멀리 왔던 길 긴 주름 낡은 백과사전
새 단어 속에 생경한
주름 속 늙은 갈피가 좋구나

기쁨이 새겨질 거야
사실이 깜빡깜빡 떠오른다.

최신형 컴퓨터

흙 마당에 머리를 곱게 빗어놓은 모양
싸리비 자국이 선명한 날 못자리 논 써레질한다

모판으로 가는 아버지의 등이 굽었다
버석한 땅 열기가 힘에 부치는 듯한데
눈 이불 삭아진 사이사이 누런 풀들이
꼬꾸라진 틈새로 파릇한 새순
고개를 쳐든다

가뭄 이겨내는 농부의 뙤약볕 그을린 들녘에
태풍으로 허리 휜 벼를 묶던 날도
나는 중고 컴퓨터를 갖고 싶었다
중고 컴퓨터를 실은 탑차는 떠나고
하던 일을 집어던지고 싶었다

저 논에 나락이 익고 수매가가 오르면 사 주마

영영 나는 컴퓨터를 갖지 못했다
컴퓨터를 가지지 못한 서운함보다

주름이 더 깊어 보이는 아버지가
내 손을 꼭 움켜주며 하신 말

빨리 저 벼가 여물게 해야 해

지금 생각해도
그 힘없으신 말씀이 다시 들려오는 것 같아
목울대 쌔애하다.

어쩌려나

기술
그것은 예술이다
체험으로 채울 수 없는
초월의 세상이 존재한다

우주와 자연,
신과의 만남
흙과 허공 사이 서 있는 몸
사람답게 산다는 것은
하늘의 작품
우리들의 일이다

그렇게 비바람 몰아치는데
얼어서 쓰러진대도 두렵지 않아
어름 짱은 여름을 사랑하니까
쪽쪽 트는 봄 계절만
영원히 없대도
어쩌렵니까.

어머니

영원한 질서의 세계

붉은 장미꽃에 취했다 바스러진 뒤
파랗던 그 입술
비로소 파랗게 보이기 시작한다

정신없이 꽃 피우고 열매 맺느라
바빴던 그 날들
문득문득 뒤돌아보니
어느 나뭇잎들이 누렇게 낙엽 되어
어린 내 발아래 거름이 되고 있다

죄다 벗어주고 헐벗은 한 여인
그래도 웃고 서 있다
속은 애타고서 껍데기만 남고서
그래도 좋다고 계속 웃고만 계신다.

봄 전령

새 눈으로 소원하더니
겨드랑이 근질근질 긁어 대더니

따뜻한 햇볕 끓어 내려
울타리마다 봄을 색칠하고 있다
마디마디 노란 웃음 내뱉고 있다
오가던 바쁜 발자국 소리도

출근 시간이 지난 초침 소리도
노랗게 마주 보며 손잡고
까불까불 재깍재깍 함께 웃는다

오늘은 참 좋은 일들이
노랗게 피어날 것 같다.

당당하게

민달팽이처럼 꾸물대는 유기농 물속
거머리 입에 피를 덜어주고 견디다
쩍쩍 얼어가던 날 발 시려도
신발도 없이 몸이 얼며
굶어서 누렇게 부황 든 사람으로 살아간다

계절 잃은 나목으로 살아왔지만
봄 미나리꽝에서 허리 보고
지식 따라 몸매 따라 인물 보고

흙바람 부는 야채 판매대
인간 시장 노예처럼
누구를 기다리지 않고
택배로 부잣집 밥상에
당당하게 오른다.

찬밥 한 덩이

아침 밥상에 취나물 맛본다

문득 고향 생각이 든다
집에 돌아오면 늘 따순 밥 챙겨주시던
어머니, 뒤뜰에서 찬밥 한 덩어리
물에 말아 잡수시던 가난의 그 시절

오늘 개미취 뜯으러 가자
새벽밥 대충 먹고 주먹밥 꼴망태 준비하고
때마다 내게 따뜻한 밥 챙겨 주신 엄마 맘같이
앞치마도 준비하고
어머니 굽은 등 같은 능선을 넘어서면
따뜻한 밥 온기 같았던
상촌에서 온 옥선이 목소리
수리치 참나물 등선 휘돌다 보면
부지런히 개미취 곤드레 곰취
삼지구엽초도 한 움큼
항시 어머님은 아버지가 좋아하시던
쌉싸름한 쌈으로 맛보면 봄을 이긴다 하시며

간식으로 캐온 더덕 약초 뿌리를
아버지 앞자락에 놓으시고
저녁밥 쌈으로 준비하시는 어머님
황토 풀 물든 그 앞자락

오늘 아침엔 아내가
찬밥 한 덩이 먹고 있다.

둥근 달처럼

자유의 향기를 호흡했다

이 삶, 정해진 것이었다면
무거운 것을 생각하면 가위눌리고
가벼운 것을 생각해야 모과 향기에
양떼구름이 쉬어간다
아비의 땀 냄새도 파고든다!

겹겹이 모난 상자들의 상처투성이
사연을 품고 있다
깊이 알려고 하니 물가의 모난 돌멩이도
조롱하며 나를 비웃는다
강바람에도 비아냥거림이 쓸려온다

힘들게 땀 냄새 피우며 먹을 갈고
젊은 시인의 작품을 판독하며
토끼 사랑하는 시간도, 아까울까?
배움이라는 상처, 감금을 풀어내고 살아봐
우주라는 상자 속에 꼬불쳐둔 새우 같은
갈고리 펴고 둥근 달처럼
솜사탕처럼.

달세

석탄차 몰래 타고 온 서울
솔 연기 찌든 어매 무명치마 같은
침대보 하나로
추위를 견딜 때
베개도 없었지

모래사막 목마른 타향
환각 상태처럼 비틀거리며
절망했지만

이젠 내 집에서
푸른 숲이 목화이불처럼
마음이 포근하게
덮어 주었다.

씨받이

이슬 먹은 햇살이 텃밭에 남실거리며
겨울 준비하는 보리 순을
옆집에 벌건 장닭이 암탉 등 타고
즐기다 흙 목욕하며 똑똑 잘라 먹는다
닭을 좀 가두오

봄 되면 콩 밑 씨받이 툭툭 모가지 자를 때
개만도 못한 놈들이
남의 농사를 망칠 셈인가
할매가 소리소리 지른다

우리는 그 모습을 숨어서 키득거렸던 일이
'씨받이' 영화상영관 앞에서 생각이 떠오른다.

그래도

공기 한 줌도 나에게는 무겁다
지금 가지고 있는 것이
내 것은 아니다

나는 한때 땡처리 옷 장사를 했는데
저울로 사 와 낱장 팔아서 재미를 봤다
우리가 가는 길에서 주머니에 가득 찰 때가 있고
기울어질 때도 있는 것처럼

한 방울 은혜를
용솟는 샘으로 보답해야 한다

세상은 상대적으로는 잔혹할 때도 있지만
그래도 공평하다.

보약

옥잠화 한 둘레 생글생글 웃고
원추리 무리 지어 힐끔힐끔 곁눈질할 때

땀 냄새 뚝뚝 떨구며
기계실 분리수거 해놓고 정원 청소한다
장마 끝나고 햇볕 쨍하던 날 빗자루 들고
이십삼 층 옥상에 올라갔다 몇 번 본 개다

까만 푸들!
앙증맞게 짖으며 경계한다
이놈아, 너나 나나 주인을 지키는 거야
옆에 앉아 턱밑을 간지러주니
끄응 끄응 드러눕는다 개가 풀을 먹네요
네 가끔 먹던데요
사십 대 초반으로 보이는 커피잔 든 여자
챙이 큰 모자에 주황 꽃무늬 원피스 훌쩍 날리며
발 지압 코스 자갈밭에 풀썩 쪼그려 앉는다
무성한 숲속에 석류알 보석
심장이 마비되었다

그 후 밤마다 헛소리 꿈을 꾼다
펑퍼짐한 아내가 자기 더위 먹었나 봐
보약 한 첩 먹어야 하는 거 아냐?

술 상무

받고 있던 봉급의 열 배를 준다고 하니
마다할 이유가 없었다
매일 양주 세 병씩 마셔야 한다 그것도 좋아
여자와는 친하게, 친하게만 지내고

때로는 외박도 하게 되겠네
이제 팔자가 뒤집히나 보다
정장에 광나게 매일 구두를 닦는다

돈 앞에 엎드려 절하고
돈을 세며 웃는다

영혼을 팔아버린
술 상무 반년 지나니
빳빳하게 고개 들던 돈도 만신창이 되어
아무리 예쁜 여자가 따라주는 술도
독극물이다.

복숭아

보고 또 보아도 자꾸 보고픈
연분홍빛 얼굴
네 속에 숨겨둔 너
낮과 밤이 그곳에 왔다 떠난 어둠길에
푸르고 붉었던 아득한 기억
잃어버린 우리들 한때

빛도 바람도 없는 투명한 굴포천
굴포천 바닷길일까
무서운 지하 동굴인가
예쁜 다섯 잎의 분홍빛 꽃잎
떠남과 만남처럼 기웃되고
복숭아나무 밑이 밝음이 출렁거린다.

도둑맞은 시간

어떻게 할지 물어볼 때는 늦다
적당히, 느긋하게
목적도 정해두지 않고
습관으로 티브이를 켜고
의미 없는 프로 보며 한잔하고
피곤하다 욕조에 푹 몸 담그면 졸음이 끌고 간다
돈은 아까워 남에게 주려 하지 않으면서
귀중한 시간은
그냥 뿌려댄다

야간 문학관에서 한글 공부하던 베트남 까미
세 번째 동인지 시집 낸다고
카톡이 떴다

반짝반짝 빛나던 시인의 뜻
알려고 할 때
그는 이미 세상에 없다.

누구의 지팡이

등 뒤에서 너를 죽인다 해도 돌아보면
웃는다,

보게,
길거리 노란선 점자 블록 더듬더듬 소리 들리면
길옆으로 가게
너는 누구의 지팡이 되어봤어
청각 사급 그 이후
점자선 걷지 않는다
그 동안 얼마나 캄캄한 절벽이었을까

뙤약볕에 깡마른 손등으로
또각또각
하얀 지팡이.

웃음

우애 지키나
해 그늘 천상에서 오신 임은
막걸리가 육백넉 잔에 이원 오십 전 한대도
살림살이 생각하면
나는 못 먹겠네

이 대 독자 아버지 아홉 남매 키워서
대가족 소원 이루셨지만
빈 고방 근심하셨다

오늘 약속된 날
제주 쟁반에 예당 됫병 셋 백화수복
문배주 이강주 이십일 연산 위스키 한 병
법주 세 병

첨작 퇴주하니
부모 모시고 살던 여섯째가
한잔 더하시자 한다면서
또 한잔 올리고

출장 다녀온 손자도 한잔 올리고 싶다고
좋구나!
아버지 웃으신다.

이런 일

참 부족하다 싶을 때
주경야독 시작했다
어느 날 용접 연기를 너무 많이 마셔
목이 칼칼하다
용각산 한 스푼 털어 넣었다

기도가 목을 조이는 고통
움직일 수 없다
발짝도 뗄 수 없다
병원 처방전 있어야 한다고
숨넘어가는 말할 수 없어
가슴 쥐어 잡고 계단에 가만히 앉았다

이렇게 죽는구나
아내에게 고맙다고 말해야 하는데

벤토린을 굳어가는 입속으로
분사하자
휴 열렸던 세상.

2부

나는 사과나무가 되고 싶다

  가을 햇살 좋던 날 우리 팔 남매 앞에 놓인 사과 세 알, 어머니는 사과를 깎아 우리에게 나누어 주셨다. 더 먹고 싶어서 돌아서지 못할 때, 어머니는 사과를 담아 왔던 그릇을 들어 올리며 '이제 됐다' 하시며 그 그릇을 들고 부엌으로 가셨다. 그날 부엌 앞을 지나다가 열린 부엌 문틈으로 보았다. 어머니가 사과껍질에 붙어있는 살을 칼로 저며서 입으로 가져가는 것을. 그러고도 그냥 지나쳤다. 커서 객지에서 살 때 어머니가 위급하다는 전보를 받고 급히 고향 집에 내려갔다. 어머니는 사과를 먹고 싶다고 말씀하셨다. 사과를 사서 집에 들어섰을 때는 어머니는 다른 세상 사람이 되어있었다. 그 후 나는 사과나무가 되고 싶었다. 어머니가 늘 다니시던 밭모퉁이에 사과나무로 서서 봄에는 꽃을 활짝 피어 '와 꽃이 곱다야' 하며 환하게 웃으시게 하고, 가을이면 '저것 봐라 사과가 많이도 달렸네' 하면서 사과를 뚝 따서 한 입 깨물어 잡수시는 모습을 보고 싶은 것이다.

  지금도 나는 사과나무가 되고 싶다.

오늘 밤은 안 돼

재활용장 입구에 스텐인리스
쓰레기통 하나
반들반들 화장한 여자다
디딜방아 찧듯 페달 밟으니
덜컹 놀란 가슴 연다
바싹 마른 바나나껍데기도 있다
남자는 오래전부터 여자 안에 살았다
마이보라정 은박지 구멍마다
눈깔 빼먹은 생선 같다

숨이 콱 막히고
무릎으로 예를 다하는 정성
누구도 독점할 수 없다

살아보자 했을까
몰캉한 우유 봉지 같은 콘돔이 있다
빨가벗어도 오늘밤은 안 돼
다리가 튼튼해도, 생각하고 명령하면
복종하는 몸이지만

제멋대로 하고 싶을 때가 있다.

늙은 달

소원 빌면
들어 주던 달이
하우스 속을 비운다

계절도 모르고
부직포 비닐 창으로
별도 보이지 않는 하늘
소 풀 이슬 털며 다니던 길
많이 변했다

제사상에 올려진 붉은 딸기는
자신이 유일한 과일의 첫째라며
어둠 속에서 빛났다
향 피워도

늙은 달은
폐사지 주춧돌처럼
아파한다.

쌀 고방

가장 오래된 증언의 상처
먼 날 지문의 자리 무수한 진실이 있고
아픔도 있다 피바람 스쳐 간 자리
쓸쓸한 등허리 지나간 날들 끌어안고 있다
기억으로 숨겨 놓은 삶의 자국들 비난이 되고
단죄가 되었다. 구휼미 퍼내던 쌀뒤주

빛바래 바구미도 사라진 모서리마다
진실 같은 무쇠 장식의 봉황 휘장
쥐구멍 빛에도 꿈을 꾼다

땅을 덮은 하늘이 무너지지 않은 것도
베풂 세운 진실 때문일 거야
먼지 수북이 쌓인 고방 쌀뒤주
움푹한 침묵으로 얼어가던 밤
거칠게 살며 굴러온 증언 속박당한 모습
단념하던 모습 훤히 보인다.

무임승차

염천교 다리 밑에 살림 꾸리고 살 때
집을 오가며 타던 열차
숨이 턱에 차도록 뛰어와 탄 사람
꽃 핀 돼지감자 겨울에 더 맛있다며
여유 있는 사람 고달픈 것도
모두 내려야 하는 종착역

좀 더 멋있게 살걸!
후회하지 마라
낭만이 머무는 한적한 동해 새천년 역에
걱정거리 내려놓고

활개 걸음 휘저으며
삼판나무 큰물에 내리면
넉넉한 빈손을 채운다

사라질 때까지
바람 속에서
물결 일렁이는 소리 듣는다.

요새

고양이 소리로
개구리 윙윙댄다고
솜방망이로 맛조개 구멍처럼 쑤시지 마라
물외풀 꽃송이로 귀를 막고
송장 헤엄치며 조쟁이 키웠지만
일차산업이 근간이 될 때
단조 프레스 쾅쾅해도
기름 탱크 경판^{鏡板} 두드릴 때도
귀마개 없이 살았다

긴 터널 막장에 요새 있는 줄 모르고
귀지가 고막의 무관인 줄 모르고
산업 현장 누비다 어느 날!

대학병원 이비인후과 박사가
답답한 것은, 장애가 국장급이요
나라도 법 무시하고 충직한 사랑 없이
다스리다 보면
요새도 무너진다.

별 마루 뜬 달

구슬이 밝은 모래 숨겨져 있어도
옥을 캐는 인연을 만나지 못하면
빛을 드러낼 방법이 없고
똥 장군 지게 진 어깨 죽비 자국

돌산 피랑 지대가 토박이 지명이다
별 언덕 비치는 달 발자취 다시 밝게 드러나
시골 노인에게 전해지고
삐걱삐걱 늙은 사공 돛대로 전해도
온 정성 꽃그늘에도 연적硯滴 있어야
맑은 물로 기록 엮어 갈치 떼 은비늘 날아오른다

화공들 모여 벽화를 그렸다
좁은 골목 미로지만 가퀴 담벼락에
또 다른 삶 있다

한참을 서서 바라보다
두 번 세 번 감탄하네
별 마루 뜬 달.

인사동 이야기

점이라고 꾹 찍던 때
반절지 백 장 삼천구백 원 했다
붓도 몇 번 꺾어버렸고
그려도 안 되니까 멋있다던 체본體本 불태우고
문진도 벼루도 남 줘버렸다
나는 손재주 없어

반년이 지날 무렵 용접 냄새보다
묵향이 그리웠다
아양 떨며 아내 비위를 맞추고
다시 들여 송죽 묵을 갈았다
생각은 한곳 하얀 붓을 담그니 광채가 돈다

필방주인 월간서예 잡지를
펼쳐 보여 준다
지금은 점 하나가 필순대로 용필하지만
늘 어렵다.

굴포천

굴레길 얽어매어진
갑문 열린 바다에

주낙 그물 유유한 꿈
포구 나무 바닷가에

쪽배 매는 어부
파도 소리 마른천둥 마음 졸인다

천 리를 달려온 멀미하는 배
마포나루 그리울 때

들이치는 잔물결
만선 그물 당겨본다.

받침돌 있어야

내게 긴 지렛대가 있었다

산비둘기 날갯짓 소리
사풋사풋 찾아오는 이미지 있어도
되울림 되어
가슴만 쓸고 갈 때

코굴 바위 호롱불처럼 희미하게 비치는 방에
사서삼경을 읽으시다

외할아버지 목침 속에 탱자 향기
받침돌 되어
일 년에 한 편씩 지은 시가
칠십 편인데

받침돌
찾은 이들에게
긴 지렛대 되었으면.

탯줄 묻은 곳

앉아있어도 누워있어도
눈앞에 아른거리는 거기
가뭄 끝에 비가 오면 툇마루 앉아
고추 모종이 고개 드는 거기

매운 고추 숭덩숭덩 호박 부침개
농주 한 사발 불콰하면

세월 빠르지

탯줄 자를 때 지고 태어난 시간

그 시간 다 쓰면 돌아가야 한다
시비라도 그곳에 두고 갈까.

부자는

소금꽃 홍건히 피었다
운수運數 한 점 바람으로 맴돌다 가고
시작은 상추된장국처럼 맛있었다

빈 잔 목마름으로 걷고 또 뛰었다
개미처럼 먹고 황소처럼
하늘이 내게 무엇을 맡기셨는지 모르지만

잘람잘람 밝은 빛이 산허리 돌아와
먼 능선처럼 고요함으로 다가오는
그래, 무딘 지문이 선명해지는
가난보다 뜨거운 희망 보인다.

스위치

반가울 때만 웃는 모습
그것 말고
슬플 때도
웃을 수 있는,
마음속마다 특별한 스위치가 있잖아요
당신만이 켜고 끌 수 있는!

을밋을밋 미루지 말고
가슴의 스위치 환하게
다시 켜 보세요
리셋.

덕평휴게소에 가면

한 발짝 더 앞으로
남자가 흘리지 말아야 할 것은 눈물만이 아니다

변기 속에 쇠파리 잡아라 해도 시큰둥했는데
덕평휴게소 화장실 로즈 향기
소변기 앞에 음악이 흐르고

당신이 지퍼를 내리는 순간부터 행복
음률을 따라 한 발짝 앞으로

그동안 가슴 닫지 않아
느끼지 못하던 환희
구두코가 반들반들
남자 자존심 선다.

버팀목

사랑은 마음을 바꿀 수 있다
생각도 바꿀 수 있고
가슴에 사랑이 있으면
세상이 아름답게 보인다

당신만 바라보고 살겠다
서로가 버팀목 되어
꺼져가는 불씨를 불어
사랑의 불꽃이 일어 세상을 밝게 한다

같은 입으로 붙일 수도 있고
끌 수도 있다
숙면하기 위해 잠자리서, 고마운 일만 생각하면
사랑의 버팀목 세울 수도 있고
눕힐 수도 있다.

새벽 항구

광주리에 돌 문어 한 마리
방파제 어둠을 돌돌 말아 올린다

새벽 파도는 냉기를 몰아내고 있지만
항구로 들어오는 배들은 이마를 들이받으며
가난하고 쓸쓸한 어부의 자부심을
항구에 눕히고 있음을 아나 보다

조타실 앞 싸늘한 뱃길
어로 탐지 방향 바꾸며 선잠 꾸리던 어부는
자갈 손 등짐 지고 머릿속에 만선의 기쁨을
그려 넣고 있다
폭풍의 뒷자리 떠돌이 파도를 가르며
새벽 방파제로 사색을 이끌고 등대 잔불 아래
묶인 작은 배들, 하나씩 출항의
흔들림이 잦아든다

흰 깃발 바람에 펄럭거리며
폐그물이 쌓인 새벽 선착장

분주하게 오늘을 일으켜 세우는 어부들
살아가는 새벽 항구는 나도 덩달아
잔 새우 그물 턴다.

바위의 족보

절대로
그 자리를
떠나지 않는다.

우직하게
지키다 보면
주인이 된다.

출근길

오늘도 몸을 구겨서
지하철 속으로 밀어 넣는다

물기 젖은 긴 머리칼을 드리우고
여자가 내게로 다가온다
시를 퇴고하려고 배낭 옆 주머니에서
볼펜을 꺼내다 그 옷을 스쳤는지
눈을 하얗게 뜨고 째려본다

아주 작은 벌레가 된 느낌이었다
나는 그만 다음 역에서 내리고 말았다.

밀당도 밥이다

맛있는 밥은 뜸들이기를 잘해야 한다
연애도 밀고 당기는 시간이
성패를 좌우한다

상대가 열을 주었는데
내가 더 사랑하여 오십을 주는 것이
잘못된 거냐며 묻는 이에게
처음은 좋으나 시간이 지날수록

한쪽은 당연하고
한쪽은 지치는 일
밀당은 두 사람 감정의
균형을 맞추는 시간이다

밀당은 좋아도 참을 줄도 알아야
뜸이 잘 들은 찰밥처럼
평생 먹어도 질리지 않는다.

말의 기술

가슴 떨리던 초보 때는
브레이크를 자주 밟는다

대화를 잘 못 하는 사람은
상대 이야기를 끝까지 듣지 않고
자기 자랑부터 하며
브레이크를 밟는다 진심이 아니면
속이는 것은 어렵다

사기꾼들은 무조건 본인 말만 들으면
잘 될 거라고 희망으로 가득 찬
말만 늘어놓는다!
그 말과 나의 욕심이 결합하면
결국 내가 무너진다

이기려면 버려야 고수가 된다
진정한 고수는 상대가 나를
이겼다고 생각하게 만들어놓고
자신이 원하는
목적을 얻는다.

3부

청소부

이게 나의 꿈은 아니었다
꽃을 심는 사람을 보면 꽃을 심고 싶다

흙내 고인 황톳집 절룩이는 고향
봉분 같은 집들이 줄지어 서 있다
좁은 길옆 깊은 곳까지
빛이 길게 밀고 들어온다
거리에는 사람 냄새가 나고
시간은 허리 접고 달려간다
남보다 앞서간다고 일등이 아니다

투박한 곳에서도 시어들 수북하다
꽃을 심던 사람이 당신 있어
빛이 납니다
꽃대처럼 다 비우고 나면
달래지지 않은 저무는 해
내일 그리고 또 내일
비바람에도 흔들리며 피는 꽃처럼
청소부는 시를 짓는다

무겁던 생각 내려놓고 싶을 때도
절망의 주머니에서 꽃을 피운다.

누구라도 가는 길

생각은 크게 하고
실천은 작은 것부터 완성해야
큰일을 해낼 수 있다

어떤 생각 하는가가 말을 만들고
어떤 말 하는가가 행동이 된다
반복되는 습관이 굳어지면 조직의
일원이 되는 길이 된다
누구라도 진심으로 행하는 것을 원한다

지식은 말하려 하지만
기술은 지혜와 같아서 들으려 한다
그 정도는 누구나 안다는 것에서 출발함으로
개발은 틈조차 없다

몰라도 지혜로운 이는
귀 기울여 더 큰 지혜를 담는다
나처럼 깨우침이 부족한 사람도
세상은 혼자 걷는 길이 아니라는 것은 알겠다.

열정

금덩어리 팔아도 살 수 없다
전체가 이익을 향해 달리는 세상

나는 시를 쓰고 싶다
파란 집 쪽으로 돌을 던지고 둥그런
지붕을 향해 참지 못한 말

해가 잠들어도 나는 잘 곳 없지만
시를 쓴다 철자법 모르고 띄어쓰기 모르고
통근 버스에서 공부를 한다

책장 넘기는 소리
시끄럽다 잠 좀 잡시다
한방을 쓰던 동료의 퉁명스런 목소리
중단하고 작업장에서 손톱 글 쓰다
아들에게 소프트웨어 여는 법 배워 독수리
타법으로 콕콕 글자가 된다!

갑자기 눈가가 뜨거워지면서 잠자던
열정이 살아나고
이런 설렘은 처음이다.

절대로

어떤 경우라도
아집은 돌이 될 뿐이다

지성 감성 영성이 함께 커야
건강한 사람
하나가 기울면 둘은 성장도 방해한다

지성만 있고
감성이 없으면 남의 고통을 모르고
영성만 있고 지성이 없으면
새벽잠 못 들고 사이비 종교에
빠지게 된다

나는 어려서 성당에서 왕눈깔
사탕을 먹어봤고 제사음식을 깨끗하게 고이고
산행하면서 절에서 맛 나는 점심을 때웠고
한동안 요일 맞게 교회 식당에서
국수나 카레로 살았다
〈

세 가지 중 모자라는 것을 절대로
절대로 채우는 삶이
주눅 들지 않고 사는 법이다.

쪽박섬

늙은 파도가 시어매처럼
고방 열쇠를 채워두면
섬은 움푹 패인 며느리 가슴

폭풍에 밀리는 난파선처럼 낚시꾼 주정에
오랜 항해처럼 지친
마음 흔들리는 한 척의 배
고단한 듯

어둠이 내려와 섬을 돌아
만조를 기다릴 때
나는 달이 은빛 카펫 펼칠 때도 낚시를 드리운다
섬과 섬 사이 출렁이는 목메인 세월
잠시 닻을 내린 갑판에서 보면
생명은 제각기 그림자를 끌고 만선의 꿈
기다리는 펄이다

해안선 따라 줄지어 선 집들
번뜩이는 불빛이 켜지고

가난한 어부, 낮은 목소리로
이야기의 불씨를 지피는 밤
대부도의 쪽박섬은
숭늉 같은 밀물을 가득 채운다.

알게 되었을 때

쓰레기 한 줌 발로 비벼버리듯
내게 잔가지 가시처럼 뻗어있던 미운털
마음 화면에서 삭제해 버릴 때

내게 상처 준 이들께 감사해야 하고
마음의 의지를 단련해줬기에
허공 속 가시처럼 박혀있던 그에게도
나를 허깨비같이 보던 이도 감사해야 하고
우롱했던 사람도 식견을 높여 주었던
생각의 탑을 쌓아 주었기에

인생은 괴롭고 짧아서
하찮은 일에 삶을 낭비하는 것은
술 취해 꿈꾸는 시간
꽃피우는 시기를 방해하는 것을
알게 되었을 때!
내려놓아야 전진할 수 있다

지나간 기억에 얽어매서는 될 수 없고

어제 내린 비, 축축한 습기가
외출하는 옷에 스미지 않게
오늘 햇살로, 내일 입는
새 옷을 말려야 한다.

독

비 한 방울 오지 않는 마른 가슴

추위를 견디며
삼대를 그 자리를 지켰다
장독대 윗자리에 어미는
햇볕 뜨거운 자리에 놓고 두고
묵을수록 장맛 좋다고 소문이 났다

어머니의 어미로부터
매일 세수 시켜 반들반들
그 맛은 더위 몇 섬 뼈 시린 냉기 안고
밤에는 이슬 담아 별 무리 노래 부르며
은빛 주렴 걸어놓고
열어주고 닫아주고

잘 늙는 일은 나누는 일이라며
피밭이 대궁까지 나누어주고
대추꽃 지던 늦은 봄
정신 줄 놓고 요실금 어매처럼 쪼금씩 흘리더니

왔던 길 고향 땅으로
돌아가고 있다

접시꽃 돌담 밖을 기웃거릴 때
날아가는 하얀 나비 다 퍼주고
가벼워진 몸, 사랑하던 풀꽃도
삽짝에 기웃거린 접시꽃 마른 눈물 삼키고
돌아가는 길
꽃길이다.

빛

모른다는 것이
포기의 이유는 될 수 없다
막장 끝에 간드레 불빛 같은 생각
나는 젊었고 이상적인 생각으로 한 아름
가득 안고 있는 초보자였지만
때로는 모르는 것이
출발의 신호탄이 될 수도 있다

우리는 개에게 앉아, 기다려
가르치면서 평생 배우지 못하는 나
기다리는 시간이 필요하다 앉아서
나는 바빠 급해서 그래 정신없이 달려가는 길

작심하고 끊은 술잔에
밤새워 속닥거리며 봄비가 내린다
쓰륵쓰륵 산죽밭 살에 왕대 잎들이
쌀을 씻는다! 술밥
비워도 비워도 넘치네! 자꾸 술이 넘치네!

햇볕이 따뜻하다
나를 햇볕에 내다 말리고 있다.

자목련

지옥문을 닫고
돌아온
바람이
마른 목울대
쥐어짜며
붉은 피
토해낸다

아픈 가슴으로
이 겨울 말달리던
바람의 발자국
사이사이 아직도
주검 같은 그림자 서려있고

생명은 이렇게
생명이 없던
두꺼운 껍질 찢고
깨어나는

자목련꽃 피었다
새 세상이다.

천둥벌거숭이

농부가 송아지 키우며 어미 되어갈 때
이젠 쟁기로 밭 가는 것을 가르쳐야지
이 말을 들은 소는 자부심과 긍지에 차서
무리에게 자랑했다

송아지들은 손뼉을 치며 몸부림치듯 부러워했지만
나이 든 소는 고개를 끄덕이며 조용히
바둑알 던지듯 되새김질한다
처음 밭을 가는 젊은 소는
지칠 줄 모르고 달렸다 해가 저물자
마구간으로 돌아갈 힘조차 없었다
어린 소들은 전사를 맞이하듯 환영했다
수고했다고 위로의 손을 잡아주었다

늙은 소가 물었다 무엇을 했기에?
온 밭을 갈아엎었지요, 하며 쓰러졌다
큰 소는 웃으며 내일부터는
천둥벌거숭이처럼 뛰지 마라
〈

젖은 장작이라고 기름을 부어대면
불은 확하고 만다
시기하거나 부러워 말고
조급하게 서두르지 말아라.

억척스레

하늘을 떠받치고
참 열심히 살아보겠다고 무던히 애썼다

한 생을 머리 풀어 휘둘리던 젊음
가을볕에 색 바랜 몸을 세우며
수양단풍나무 마지막 카드장 던지듯
벌겋게 상기된 얼굴, 잎을 떨군다

억척스레 살아온 무게를
고향으로 돌아가는 달뜬 마음 비워진다
가벼워진 자만이 업을 완성할 수 있지
그래도,
존경받으며 늙기가 말처럼 쉬운가
하혈하듯 벌겋게 잎 떨구고 가시 숲우듬지
망개나무 가시에 찢긴 노을
선혈이 낭자하게 저문다

잡목 숲 질러 얼은 조각달 물고 가는
저 부리 뭉툭한 홍학은 거느린 식솔이 몇이나 될까

내 빈속이 문득 장염처럼 쓰리다
갈 길 바쁘다
곱게 내려가자
강추위 내리기 전.

디딜방아

햇살 눈 부시고 새떼 노래하는
하얀 목련꽃 동산에 새털구름
내려앉아 친구가 되고
바람도 기웃기웃 벗이 된다지만
하루 한신들 마를 새 없었던 한숨 진 눈물
봄이면 아지랑이서는 보리죽 냄새
곤드래 비지밥 생 칡 비린내
허기진 긴긴 봄날 베틀 놓고
부태끈 졸라맨다
용두머리 내려앉은 눈썹 끈 긴장하면
잉앗대 올리고 북실 열세 삼베, 금싸라기 골라내듯
달깍달깍 눈썹노리 졸리워 쇠꼬리 줄 느슨하면
속 바디 멈춘 새벽
첫닭이 홰를 친다 올망졸망 연년생 칭얼칭얼
보리개떡 쑥 죽이라도
바윗돌 매단 눈썹 소금물로 날실 메밀 풀 바르듯
도투마리 한 번 더 굴려야 하는데…
어머니는 가마솥에 풋보리 한 바가지 쓰러
디딜방앗간으로 가시며
어렵대도 뿌리 깊게 내려야지.

침묵

바위도 숨 쉰다 하네
가슴으로 음악을 듣는다고
침묵의 언어가 생명, 울림을 느껴야
세 번 생각하고 실행은 침묵으로.

지혜

하고픈 일 정성을 쏟으면
생각, 행동은 하나라야 한다
뜨거운 머리는 식혀야 한다
차가워야 한다
냉철해야 보인다.

명상

눈을 뜨고 아무리 찾아도 보이지 않는다
눈을 지그시 감으니 보인다.

할머니

우리 집 달력에
할머니 생일날
나는 노란 리본을 그려놓았다
생신날 촛불 혼자 타고 있네.

가난

나중에 마음이 아파한다
처세술만으로 사는 세상

내 마음 잘 다독여 두어야 하고
느슨하면 조여야 한다

가벼워지는 일은
부끄러운 일이 아니다

높은 바람은
높은 산에서 분다.

단잠

오랫동안 생선 장사하던 여자가
호텔에서 잠을 자게 되었다
거실에는 생화가 향기를 공기조화기처럼 돌고
침대 머리에는 몽블랑 향수가 입김을 분다

밍크 털같이 포근한 침대에서
내 꿈 꿔

잠이 오지 않는다며 몸부림친다
왜 불안해하고 엎치락뒤치락해도
안절부절 잠을 이루지 못하는 거요

생선 다라이를 가져다주오!
머리맡에 두고 한참 냄새를 맡더니
금세 잠이 들었다.

언 땅 녹이듯

코크스 피워 철판을 벌겋게 달궈
해머망치로 두들겨 경판을 만들었다

무쇠 녹이는 여름날 뜨거운 열정이었을지도
그때는 산을 깎아내리는 태풍처럼
꼿꼿한 고개 펴고 나는 길을 응시했다

직장을 옮기려고 모집 광고 보고
응시해서 용접 실기시험에 합격하여
건강진단서를 제출하였지만
청각 이상으로 재검해오세요

살아서 꽃 한 송이라도 피워
깊은 향기 더욱 좋게 못 한다면
말라 언 땅 어찌 기다렸을까
제구실에 목말라하며
두 손 잡고 간절히 기도하는데
길거리 아름다운 꽃이
코크스 불꽃처럼 버얼겋게 피어난다.

말미

불행은 늘 작은 것에서
용광로 쇳물 같은 희망으로 왔다지만

어눌하고 서툰 한글 말로 가족 같은 형이라
부르는 말미가
말했을 때 술잔은 진즉 넘치고 있었지만
나는 그의 손을 거둘 수가 없었다

변압기 애자 덮개 찍는 프레스 작업 때
뭉툭한 의수를 돌아앉아 끼우며
탱자나무 가시 같은 어릴 때 기억
뿌옇게 김 서린 거울처럼
내 눈을 흐리게 했다

주머니 속에 움켜쥔 주먹은 더 작아져
부도난 공장 사장 찾아 잡아끌 기운도 없는데
누렇게 바랜 가족사진 꺼내 보이며
소리 없이 웃으면서 형 고마워
〈

실내 포장마차 술 취한 백열등 아래
사람을 찾습니다 전단지의
흐릿한 미소만 떠다니는 겨울밤

가족을 위해 더욱 한국인이 되어야 했다고
눈이 모두 녹으면
사거리 구석에서 양말 장사해 보자.

4부

직지 直指

풀무질, 세상을 만든다
사금파리 씹는 소리로 이를 갈며
고통 소리 연방 풀무 소리 내뿜었다
불가마 앞 모룻돌 위에도 도덕적 덕이 있고
지적인 덕이 있다 성장하는 본성 불립문자
습관의 결과로 생긴다!
쇠스랑 날 벼려도 땅을 다스리는 사람 있어야
마음먹고 찾아온 날 비구름 겹겹이 번개질
꽤 찾아낸 이유로 사직서 내라고
십 년 동안 도서관 이용자로 외규장각
열람 신청해 정리했다

시 짓기 잘 어울리는 다 비운 항아리 마음
물방울처럼 순수함 채울수록 기쁨 솟구친다
직지초면! 등골에 상고대 섰던 기억
새벽으로 가는 줄도 모르고 느끼는 짜릿함
한 사람의 꿈과 열정으로 바꾼 기록
청춘의 마음으로 산다는 것은
어디에 몸 붙이고 살아도
세계 최고 最古의 금속활자
선 禪으로 깨달은 직지.

똥 쌈

퇴비증산! 잘살아 보세
콩나물 떡잎 같은 깃발이 녹색으로
앞산과 뒷산이 이마를 맞대고 있는
벽촌에도! 젊은이들 품앗이가 아니고 진심 어린
생각으로 살아간다! 남의 밭에는 돼지가 파든
구렁이가 파든 무관심한 시대를 지나
새벽부터 풀 짐이 마당에 쌓이면 오후 두 시부터
대작두를 두 사람이 밟는다
한해살이풀 아름으로 꾸겨 넣어도
썩덕 썩덕 컨베어처럼 돌아간다
두엄자리 쌓는 조는 똥물로 켜켜이
풀 짐 속에는 황금이 들어있다
이거 진범이 똥이다
"아까워 어찌 산에 버리오"
땡삐가 자지 쏘면 어쩌려고 지난번
창극이처럼 낫 갈다
숫돌 독에 오줌발이 소방 살수기처럼 된데이
동네가 한바탕 웃음바다
한 집안처럼 배고파도 웃으며 살았다
잘살아보세 소통이 세상 굴리는 약.

포부

연어, 수만 킬로
제 허리를 비틀며 간다
그린란드 눈물
험악한 길을
엑스라인 그리며 간다
때론 죽음도 각오한다

생생한 리듬으로
천년에 한 번 순환되는 해양심층수 벨트를 따라
이백 미터 수심
언제나 전문가 눈에 잘 보이는 맑은 물
우리의 뇌는 구체적 이미지라
산소 공급받지 못하면 잠들어 버린다
능수능란한 삶이란 없다.

팔베개

합금 주물 덩어리를
쁘레나 베드정반에 모신다

벙어리 고함 내지르듯
단단한 침묵을 깎아내며
터렛 심압대 지나갈 때
싸늘한 가슴 열고 또 열어도
굳어있는 마음 높낮이를 캘 수 없어
고막을 때리며 울크덕 불크덕
바이트 밀고 나갈 때마다
괴성 같은 악쓰는 소리 튀어 올라왔다
아무리 파내도 마음을 열어주지 않았다

졸음이 켜켜이 쌓인 정신을 허물며 밤을 새운다
쇳덩어리 안에 웅크리고 있는
고탄소강 생명이 불빛을 따라 칩을 배배 꼬며
솟아오를 때 그가 내지르는 함성 속에서
공구강 날 세우면 깎아내지 못할 것이 없다고
장갑 손으로 가느다란 칩을 떼다

꼬인 날이 박 씨의 한 손을 삼켜버렸다
박 씨는 뭉툭한 팔에 의수를 하고
쉬는 시간에는 팔베개로 베기도 하였다
얼어붙은 밤을 더듬거리며
박 씨는 수행승처럼 어디로 걸어가고 있을까.

깨진 유리창

아무리 둥글게 말아 웅크려도
사타구니 사이 손은 미지근하다
온기 지나가고 모두 퇴근한 뒤

깨진 유리창을 막고 누우면
이빨도 억센, 발톱도 없는 추위
배가 고프면 더욱 악을 쓰고 달겨든다
하얀 연기를 내뿜을 때마다
텅 빈 창자에 밥 대신 들어앉아
가부좌를 틀고
주린 배를 흔들어
지치게 하는 지독한 그가
뱃가죽과 허리등뼈가 얼어붙으면
저절로 허리가 굽어지는
예를 다 한다 밥 생각을 하면
내일은 취직이 되겠지
친구의 일터 새벽 흔적 없이 나와야 한다
기계국수를 제국에 삶아서
큰 양푼에 멸치 대가리 하나 없어도
먹었으면 소원 풀겠다.

봉화역의 추억

굽은 언덕배기 길 눈이 벽을 만들고
강릉발 청량리행 막차는
건널목 차단기 앞을 지나간다

해 떨어지고 대합실 밖에는 눈이 내려 쌓인다
돌탄 난로가 따뜻하고 역무원 얕은 잠에 들면
간이역은 유리창마다
성에가 서리고
지난 시간을 생각하다가
쿨럭쿨럭 기침을 한다

할매는 보퉁이에서 감말랭이를
입에 넣고 우물거리고
그 건너 노인은 손이 추운지
자꾸 손을 비벼댄다

여기저기서 터지는 기침 소리
쏟아지는 눈발은 철길을 덮고
눈꽃 창틀 바람에 귀를 헹군다
작별 시간 아쉬워도 표를 들고
눈인사로 봉화역 기억을 새긴다.

겨란 꽃

이 땅에 뿌리박고 몇 십 년 북아메리카
잊은 지 오래된 겨란 꽃

심양 고향은 선대가 팔려 와 살았던 땅
꽃으로 불리기보다
잡초 대접받으며
온갖 지청구를 들어도
다시 살아나는

묵정밭에 진을 치고 길섶이나
밭 살에도 스치는 곳마다
이웃사촌처럼 친근하다
동그란 모양이
계란 프라이 같은 꽃

머리에 쓴 수건에서 단내가 달짝지근한
귀화한 공정희 씨 척박한 땅에서
어깨동무하고 피는 개망초
그래도 흔연스럽게 대하는 당신의 눈에는
세상에 아름답지 않은 것이
어디 있겠소.

기생 꽃

낙수 깊은 언약 새겨
용마루 높이 우는 바람이라 생각 마오

굴곡진 인고의 길 지혜 높은 꽃이 피네
명주실 등불 켜고 봉창으로 들려오는
덕이 높고 인자함에 장명하는 맑은 꽃
솔바람 스치는 낮달도 어여뻐라

다정다감 그대 곁에
남몰래 사모하는 가슴 태워 기다리는
인적 끊긴 깊은 산속 태백 영산
조용히 머리 숙여 곱게 피었네
꿈길밖에 만날 길 없어 가시밭 헤치며
그대 뜰에 찾아가니 절제의 그리움
심중에 남겨 둔 말

끝끝내 하지 않고
흰 구름에 실어보는
깊은 생각 속에 잠긴 기생 꽃.

처녀치마꽃

촉촉한 응달 산자락 베고
너덜지대 하늘 덮은 보라색 옹기종기
엄동 가는 잔설 밭에

곱게 핀 꽃
늦봄 따라 너는 크지
그리운 설악 영산
계절을 재촉하니 나의 허전한 가슴 채워주오
오늘도 그대 찾아 눈 녹은 산길

메마른 가슴 푸른 잎 솟아나네!
천둥번개 그 비 맞고 가시밭

힘들어도 힘들어도
약속 잊지 않으리오
처녀치마꽃.

코로나19

황사바람 물결 소리 내며 흐를 뿐
얼어붙은 것처럼 조용한 오후
떨어진 꽃눈 덮인 길
초록이 자꾸만 내 눈길을 끈다

활짝 열고 창밖 바라보아도
사람들끼리는 가까이하지 말라 하니
만나는 사람마다 바이러스 보듯 한다
햇살도 거리를 둔다

저잣거리까지 문을 닫고
장터 국수 집 조촐한 상 위에
먹다 남은 막걸리 한 잔 나누어 마시던
가까운 이웃도 소식 물을 길 없구나

일 놓은 손 씻고 또 씻는다
언제쯤 내 발걸음의 눈이 뜨여질까
마음이 무거운 하루
별 쓸모없는 일이지만
내일을 걱정하고 있다.

아버지의 뼈

괭이자루 어깨의 경사로 비탈을 만들고
세월의 추를 끄는 흔들림
누추를 입고 저무는 바람의 길목
휘어진 허리에 석양빛이 고여있다
빛의 문장은 찢어진 검정 고무신처럼 서러운 기억
날아간 연기가 무거웠던 시간
손바닥 물집은 몸에 가둔 시간들
족보처럼 낡아 버렸다
햇살이 바지를 벗고 내려와 뿌려놓은 푸른 숨의 입김
죽은 나무를 지고 살아남은 목숨을 의지한다
세월의 너비를 넘는 봄의 눈망울들이 나를 쳐다본다!
언제부터인가 내 발목은
가장 작은 생각의 언덕을 넘어서지 못했다
옆구리에 꿈을 끼고 자다
삶의 정년기가 되어버렸다
바람의 목청으로 울다 허리 꺾인 가장
아버지의 뼛속에는 바람이 있다
허기진 당신은 굶어도 자식들
배고픔을 유배시키기 위해

흘러내린 땀방울 모우다 늙어버렸다
나는 이제 뒤안을 들여다보는 시간
아버지의 뼈로 내가 서 있다.

풀린 구두끈

진물 흘리는 여름은
자신이 머물 공간 찾으려고 뜨거운 숨 몰아쉬고
비가 와도 목마른 당신도
서투른 각도 틈 사이에서
언젠가는 불빛 열반 위에 떠 있을지 모르는
삶은 음악처럼 늘 즐거운 멜로디가 아니잖아
멀리 응시하며 걸어가다 보면
구름 비집고 나오는 햇살 같은 황홀한
생의 뼈마디 어디쯤에서
한 번쯤 허락하리라 기도드려 보고
엇박자로 세속의 웃음거리가 되기도 한 음악이잖아
깊은 숲속처럼
짙은 그늘이 자리 펴고 눕는다 해도
맑은 물고기의 눈동자를 바라보며 다시 한번
이른 아침 동해 바다 위로 떠오르는 붉은 빛을
도마 위에 올려 보는 거야
풀리지 않던 목마름의 그 의문들
바람에 희석되어 새벽이 일어나
투명해지는 시간을 찾을 수 있을 거야

때로는 흔적 없이 타버린 몇 줄기 바람의 그늘보다
더 차게 자신이 젖어있음을 알게 될 거야

풀린 구두끈
구멍이 숭숭한 무릎을 모으고
나란히 웅크린 채
여름보다 더 뜨겁게 몸을 달구고
바람이 들여다보고 간 시간이 무겁게
초침처럼 하루하루 5시 28분이 막 넘어가려 하네.

상처 싸매기

세상에서 너와 나는
상처를 주고받으며 살아간다
남의 상처를 아파하는 사람은 아름답다
남편의 어린 시절을 알게 되면
그의 오늘을 알 수가 있고
아내가 고개를 외로 돌려 듣는 습관을
오랫동안 바라보게 되면
아내를 더욱 깊게 사랑할 수 있게 된다.

흉

빈 그릇이
마음처럼
깨끗하면
맛있는 음식이 담긴다

남의 흉보는 것은
그 순간 나에게
되돌아온다
길 가다 새똥이
머리에 떨어진 기분이다.

몽당붓

하얀 표면 위 세워놓은 아픈 사연
지웠다 다시 새기며 자꾸 짧아지는
무수한 비명이 부딪치는 굴레들 뒤로
내 몸 마른 울음으로 떨리는 의미 똑바로 세우기 위해
종이 칼날에 매일 살점 조금씩 떼어내야만 했다

더 뾰족하게 다듬을 때마다
꼬불꼬불 흔들리는 나의 근원
어디서 왔는가
붙들 수 없는 닳아빠진 손잡이처럼 변해
누구에게 화답하듯
웃음과 울음 주기도 했다

이제 세상 떠나야 할 몽당붓으로
가벼워지는 영혼 화려함이 떠나고
남긴 순결의 마침표.

꿈은 이루기 위해

못 이룬 꿈
남루를 밟고 온 길
흉흉한 그 먼 굽잇길
밧줄 기대어 오르는 새길 하나 낸다
눕는 것은 타락이다
새파란 꿈 꾸는 것은 무죄
이 땅에 원죄를 붙들고
흙도 되지 못한 것들
아직 육탈도 덜 된 송구스런 뼈로
불립문자不立文字 닮은
무념의 눈빛으로
이승과 저승 사이 작두날 걸어
잿빛 승복 한 자락 펄럭이며
개펄에서 빛나는
소금으로 눈뜨리.

눈 속에 핀 꽃

정신을 놓지 않으려
입술 앙다문다
앙상하게 휘어진 어깨와 휜 다리로
살얼음 엄동 벌판을
절룩이며 건넌다
산안개 자욱하더니
발걸음도 뜸해졌다
가지만 흔들어대는 유언비어처럼
번져오는 삭풍
그날 밤 잠 속에서도
꿈마저 뒤뚱거리고
겨우살이 꽃망울
울먹이는 네 가슴
만나러 간다.

초겨울 고추밭

말없이 어둠 속 고요히 머리 숙인
두 눈감은 묵언수행

등뼈 세운 저 가부좌
아무도 거두지 않은 마른 슬픈 나체
낮고 길게 다 내어준
휘어진 직립의 높새바람
목이 쉰 허공의 입술 핥고 바랜 붉은 입술

붉어진 복사뼈로 버티고선 짧은 계절
꿰매온 생의 수혈 맵도록 살았어도
아리던 푸른 등허리 외발로 선 이랑에
새들도 짐승들도 울음 섞던
네 선 자리

일몰의 말 한마디 깨우치는 빈 가슴
질퍽한 생의 분진들
서릿바람 덮고 있다.

목련 붓

경을 새기는 붓을
누가 저렇게 많이 걸어 놓았을까
흙으로 돌아가는
번역할 수 없는 고문古文을 기록할

한 세기 묻어가기 전 각인한
갑골문을 열고 있네, 바람의 어문을 새기며
실핏줄 얼고 뼈가 시린 삼동에도
붓꽃 나무 무색의 향연

오체투지 예를 다하듯
순서대로 머물다 먼저 진 것 전서다
남풍이 속치마 휘감고 꼬여진 실오라기 초서
진눈깨비 무거워 떨어진 획 예서
봄바람 불 때 삭발하듯 떨어진 잎은 행서
읽을 때마다 낱장으로 날려
한 획씩 이익공 다포 건축 조립하는, 해서
장인이 만들어 놓은 듯
〈

세상 이야기 너무 아름다워
곁에 오래 머물지 않는다
뚝뚝 떨어진다, 목련꽃.

■□ 해설
- 박용섭 시집 『나는 사과나무가 되고 싶다』 해설을 겸하여

늦깎이 시인의 꿈

이병렬

(소설가, 시인, 문학박사)

I. 들어가면서

'늦깎이'란 말이 있다. 나이가 많이 들어서 어떤 일을 시작한 사람 혹은 남보다 늦게 사리를 깨치는 일, 사람을 가리키는 말이다. 우리는 주변에서 늦깎이로 성공한 사람들을 종종 만날 수 있다. 4·50에 가수로 데뷔하고 70이 넘어 작가가 되어 책을 출판하는 경우가 그런 경우이다. 문학이 아니더라도 다른 예술이나 기술 분야에서도 그런 늦깎이들은 있다. 뒤늦게 빛을 본다고들 말하지만, 빛을 볼 때까지 그만큼 노력을 한 결과이리라.

한편, 흔히들 시는 젊은이의 갈래요 소설은 중년의 갈래라고 말한다. 시는 상상력이 풍부한 젊은 시절에 쓰는 것이요, 소설은 어느 정도 인생 경험이 바탕이 되어야 한

다는 뜻이다. 그러나 꼭 그렇지만은 않다. 나이 지긋한 시인의 절창이 있는가 하면 상상력이 가득 담긴, 젊은 작가의 멋들어진 소설을 접하기도 한다.

시인 박용섭을 말할 때 위 두 가지 말들이 생각난다. 박 시인은 환갑이 넘은 나이에 문학공부를 시작했다. 몇 년 전, 필자가 부천의 복사골문학회 '박수호 시창작교실'에서 특강을 할 때, 과장되게 표현하면 강의하는 내 숨소리까지 받아 적는 그를 보며 노년임에도 시를 쓰겠다는 열정이 대단했고 늦깎이 한 명이 태어나겠다는 기대를 했다. 아니나 다를까, 몇 년 지난 2017년에 그는 첫 시집 『내 책상에는 옹이가 많다』를 출간하며 시인이란 이름을 얻었다.

부천에서 이미 알아주는 서예가이기도 한 그는 적지 않은 나이에 쓰는 시 그리고 늦깎이 시인이란 이름에 만족하지 않고 늘 서예와 시창작에 게을리 하지 않았다. 특히 시창작 동아리에는 빠지지 않고 참여하며, 하나라도 더 배우려 다른 시인들의 평과 숨소리까지 자기 것으로 만들려 했고, 그러한 그의 노력은 그의 시를 점점 더 영글게 했다.

고희를 훌쩍 넘긴 그가 이번에 두 번째 시집 『나는 사과나무가 되고 싶다』을 출간한다. 시집 출간을 진심으로 축하하며 시집 말미에 해설을 겸하여 발문을 보탠다.

II. 시인의 꿈

박용섭은 그의 두 번째 시집 『나는 사과나무가 되고 싶다』 첫머리인 '시인의 말'을 통해 자신의 꿈을 밝히고 있다.

>내 꿈은 왕이 되는 것이다.
>살아 있는 것은 새롭고
>시간과 함께 변하면서 익어갈 것이다.
>새로운 생각으로 사는 사람은 거듭난다
>왕이 되기 위해
>오늘도 나는 허물을 벗는다
>
>- 「시인의 말」 전문

왕(王, King)이 된다는 것은 무엇을 말하는 것일까. 시인이 꿈꾸는 왕은 흔히들 생각하는 절대 권력자가 아니다. 바로 "새로운 생각으로" 거듭나는 사람이다. 삶에서, 시창작에서 거듭나는 사람이 되기 위해, 즉 시인은 "왕이 되기 위해 / 오늘도 나는 허물을 벗는다"고 한다. 바로 거듭나는 것, 일일신(日日新)의 자세이다. 고희를 넘긴 나이에도 일일신으로 삶을 살아가는 자세, 단순히 삶만이 아니라 시를 그렇게 대하겠다는 다짐이 아닐까.

표제작인 「나는 사과나무가 되고 싶다」에서는 그 꿈을 구체적으로 드러낸다.

가을 햇살 좋던 날 우리 팔 남매 앞에 놓인 사과 세 알. 어머니는 사과를 깎아 우리에게 나누어 주셨다. 더 먹고 싶어서 돌아서지 못할 때, 어머니는 사과를 담아왔던 그릇을 들어 올리며 '이제 됐다' 하시며 그 그릇을 들고 부엌으로 가셨다. 그 날 부엌 앞을 지나다가 열린 부엌 문틈으로 보았다. 어머니가 사과껍질에 붙어있는 살을 칼로 저며서 입으로 가져가는 것을. 그러고도 그냥 지나쳤다. 커서 객지에서 살 때 어머니가 위급하다는 전보를 받고 급히 고향 집에 내려갔다. 어머니는 사과를 먹고 싶다고 말씀하셨다. 사과를 사서 집에 들어섰을 때는 어머니는 다른 세상 사람이 되어 있었다. 그 후 나는 사과나무가 되고 싶었다. 어머니가 늘 다니시던 밭모퉁이에 사과나무로 서서 봄에는 꽃을 활짝 피어 '와 꽃이 곱다야' 하며 환하게 웃으시게 하고, 가을이면 '저것 봐라 사과가 많이도 달렸네' 하면서 사과를 뚝 따서 한 입 깨물어 잡수시는 모습을 보고 싶은 것이다.

지금도 나는 사과나무가 되고 싶다.

- 「나는 사과나무가 되고 싶다」 전문

  산문으로 된 첫 연에서 시인은 어머니를 그려낸다. 사과 세 알을 깎아 팔 남매에게 나누어 주고 자신은 자식들이 볼세라 부엌에 들어가 사과 껍질에 붙은 사과살을 긁어먹던 어머니이다. 아들은 그 모습을 봤지만 무심히 지나친다. 임종하기 전 사과가 먹고 싶다는 어머니의 말에 아들은 어린 시절의 한이 맺혀 사과를 사온다. 그 사이에 어머니는 돌아가셨다. 이후 아들은 사과나무가 되고자 한다. 봄이면 사과꽃으로 어머니를 즐겁게 해 드리고 가을이면 어머니가 사과를 따먹는 모습을 그린다. 그런 아픈 기억이 있기에 시인은 어머니를 그리며 "나는 사과나무가 되고 싶다"고 직설적으로 내뱉는다.

  하긴 어머니만 사과를 따먹겠는가. 사과나무가 되어 자신이 사과를 따먹겠다는 게 아니라 어머니가 그리고 시 속에 표현을 하지는 않았지만 남들이, 자식들이 따먹게 하겠다는 뜻이 아닐까. 결국 시인은 자신이 무엇이 되고자 하지 않는다. 바로 어머니를 위한, 자식들 그리고 후대 사람들이 뭔가를 하기 위한 발판이 되고자 한다.

외할아버지 목침 속에 탱자 향기

받침돌 되어

일 년에 한 편씩 지은 시가

칠십 편인데

받침돌

찾는 이들에게

긴 지렛대 되었으면.

- 「받침돌 있어야」에서

시인은 사서삼경 읽으시던 할아버지 목침 속 탱자 향기를 맡으며 시를 쓰고자 했고 시를 썼다. 그렇게 쓴 시로 자신이 빛나기를 기대하지 않는다. 훗날 시를 쓰는 사람들의 시쓰기 "지렛대"가 된다면 족하다는 말이다. 바로 이 타적인 자세이다. 내가 아는 박용섭 그 모습 그대로이다.

Ⅲ. 부모에 대한 기억 그리고 가난

어려서부터 효를 행하는 사람도 있지만 대부분이 뒤늦게 철이 든다. 그러니 부모님을 그리워하게 되면 이미 나이를 먹은 것이라고 했다. 그래서일까. 박용섭의 시 속에는 아버지 어머니가 자주 등장한다. 두 분의 모습은 가난한 삶과 함께 그려지고 현재 가족의 단란한 모습과 사랑으로 이어진다. 그리고 보면 박 시인은 분명 나이가 들었음에 틀림없다.

> 멀리 넓은 곳 향해 오르는 낮은 자세로
> 세상을 겨누는 자는 얻을 수 있다
> 호박꽃처럼 피어 넉넉하면
> 왕관 쓴 사슴도 온다
>
> 아버지의 그 말씀이 생각난다
> 우리 집 담장에 호박꽃이 피었다.
>
> -「호박꽃」에서
>
> 바람의 목청으로 울다 허리 꺾인 가장
> 아버지의 뼛속에는 바람이 있다
> 허기진 당신은 굶어도 자식들
> 배고픔을 유배시키기 위해
> 흘러내린 땀방울 모으다 늙어버렸다
> 나는 이제 뒤안을 들여다보는 시간
> 아버지의 뼈로 내가 서 있다.

― 「아버지의 뼈」에서

 담장을 낮은 자세로 기어오르는 호박덩굴 그리고 호박꽃에서 시인은 아버지의 훈계를 기억해낸다. 항상 "멀리 넓은 곳 향해 오르는 낮은 자세로 / 세상을 겨누"라는 말이다. 그러면 호박꽃이 피고 그리고 "왕관 쓴 사슴"도 온단다. 어쩌면 시인은 삶의 자세를 아버지로부터 배웠는지도 모른다.
 그렇다고 아버지의 살림이 넉넉한 게 아니었다. 「웃음」을 보면 "막걸리가 육백녁 잔에 이원 오십 전 한 대도 / 살림살이 생각하면 / 나는 못 먹겠"다던 아버지이다. 「최신형 컴퓨터」에도 그런 상황이 보인다. 가난한 농부의 삶. 중고라도 컴퓨터를 갖고 싶은 아들은 아버지에게 말했지만 "저 논에 나락이 익고 수매가가 오르면 사주 마" 했다. 아들은 서운할 수밖에 없다. 그러나 아들은 서운함보다 "빨리 저 벼가 여물게 해야 해" 라는 아버지의 생존을 위한 말에 고개를 숙이고 만다. 그러니 오랜 세월이 지나고 아버지를 생각하면 "목울대 쌔애하"지 않겠는가. 아버지는 "바람의 목청으로 울다 허리 꺾인 가장"이었다. "아버지의 뼛속에는 바람이 있다"고 했다. 그런데 "뒤안을 들여다보는 시간"에 아버지의 뼈로 아들은 서 있는 것이 아니겠는가.

부모의 자식 사랑에 끝이 있겠는가. 「어머니」에 드러나는 시인의 어머니 모습도 마찬가지이다. 어머니는 "죄다 벗어주고 헐벗은 여인"이다. "그래도 웃고 서 있"는 여인이요 "속은 애타고서 껍데기만 남고서 / 그래도 좋다고 계속 웃고만 계신" 분이다.

「찬밥 한 덩이」를 보면 어머니의 사랑은 자식만이 아니라 남편을 받드는 데에도 나타난다. "찬밥 한 덩어리 / 물에 말아 먹으시던" 어머니이다. 그러나 산나물 뜯으러 나가서는 "간식으로 캐온 더덕 약초 뿌리를 / 아버지 앞자락에 놓으시"는 분이다. 이런 어머니의 사랑과 근검은 며느리에게 이어진다. "오늘 아침엔 아내가 / 찬밥 한 덩이 먹고 있다"는 것으로 보아 그 시어미에 그 며느리이다.

"추위를 견디며 / 삼대를 그 자리를 지켰다"는 「독」을 보자.

> 잘 늙는 일은 나누는 일이라며
> 피밭이 대궁까지 나누어주고
> 대추꽃 지던 늦은 봄
> 정신 줄 놓고 요실금 어매처럼 쪼금씩 흘리더니
> 왔던 길 고향 땅으로
> 돌아가고 있다

> 접시꽃 돌담 밖을 기웃거릴 때
> 날아가는 하얀 나비 다 퍼주고
> 가벼워진 몸, 사랑하던 풀꽃도
> 삽짝에 기웃거린 접시꽃 마른 눈물 삼키고
> 돌아가는 길
> 꽃길이다.
>
> -「독」에서

할머니에서 어머니에게 다시 며느리에게 이어지는 "독"은 "매일 세수시켜 반들반들"하다. "잘 늙는 일은 나누는 일이라며 / 피밭이 대궁까지 나누어주"던 분이었다. 다음 해 씨앗으로 쓸 것까지 이웃에게 퍼주던 인심. 그 사랑을 알고 있기에 시인은 당신께서 꽃길을 가신 것으로 인식한다. 이런 가족의 사랑은 훗날에 그대로 이어진다.

> 침작 퇴주하니
> 부모 모시고 살던 여섯째가
> 한잔 더하시자 한다면서
> 또 한잔 올리고
> 출장 다녀온 손자도 한잔 올리고 싶다고
> 좋구나!

아버지 웃으신다.

— 「웃음」에서

아버지 제삿날, 자식들과 손자들이 온갖 비싼 술을 사오고 저마다 한잔 올리고자 한다. 부모의 사랑이 자식대에 그리고 손자들에게까지 이어져 독자들 마음까지 따뜻해진다.

IV. 시인 자신에게 주는 말

박 시인은 시집에 수록된 시 속에 자신의 자세를 다잡는 말을 자주 한다. 앞에 이야기한 일일신의 모습이다. 붓글씨를 쓰면서 혹은 시를 쓰면서 늘 자신을 채찍질한다. 문학 혹은 시에 대한 열정이 그렇게 나타난 것이리라.

참냉이를 캐어 돌아오면서
돌아오는 동안거에는
내가 조금 더 가벼워지면
좋겠다는 생각으로
가득했던 때가 있었다.

― 「동안거^{冬安居}」에서

밭에 나갔다가 "잡풀 사이에 아직 나처럼 / 깨달음을 얻지 못한 것"을 보고는 "조금 더 가벼워지"고자 하는 것이 시인의 바람이다. 여기서 가벼워진다는 말은 행동이나 말이 아니라 바로 포용성이다. 어떤 특정 사고에 사로잡히지 않고 고추밭에 돋아나는 온갖 들풀들을 있는 그대로 받아들여야 한다는 깨달음이다. 흔히 말하는 서로가 다름을 인정하는 자세이다.

    꽃대처럼 다 비우고 나면
    달래지지 않은 저무는 해
    내일 그리고 또 내일
    비바람에도 흔들리며 피는 꽃처럼
    청소부는 시를 짓는다

    무겁던 생각 내려놓고 싶을 때도
    절망의 주머니에서 꽃을 피운다.

― 「청소부」에서

시를 알고 시인의 눈에는 세상의 온갖 것들이 시가 된

다. 그러니 "투박한 곳에서도 시어들 수북하다"며 "꽃을 심던 사람" 즉 시인이 있어 "빛이 납니다"라 하지 않는가. 어느 유명 시인의 시만 그런 게 아니다. "비바람에도 흔들리며 피는 꽃처럼 / 청소부는 시를 짓는다"고 한 것처럼 박 시인의 시 역시 삶의 굽이굽이 "절망의 주머니"에서 끄집어낸 것이리라.

> 작심하고 끊은 술잔에
> 밤새워 속닥거리며 봄비가 내린다
> 쓰륵쓰륵 산죽밭 살에 왕대 잎들이
> 쌀을 씻는다! 술밥
> 비워도 비워도 넘치네! 자꾸 술이 넘치네!
>
> 햇볕이 따뜻하다
> 나를 햇볕에 내다 말리고 있다.
>
> ―「누구라도 가는 길」에서

시를 쓰면서도 "생각은 크게 하고 / 실천은 작은 것부터 완성해야 / 큰일을 해낼 수 있"는 것이 아니겠는가. 시를 좋아한다면 "누구라도 가는 길"이겠지만 박 시인에게는 특별한 길이다. 바로 따뜻한 햇볕에 자신을 말리는 행

위 자체가 표현도 그렇지만 시를 쓰는 자세가 된다.

> 모른다는 것이
> 포기의 이유는 될 수 없다
> 막장 끝에 간드레 불빛 같은 생각
> 나는 젊었고 이상적인 생각으로 한 아름
> 가득 안고 있는 초보자였지만
> 때로는 모르는 것이
> 출발의 신호탄이 될 수도 있다
>
> – 「빛」에서

비록 늦게 시작(詩作)을 하게 되었지만 모른다고 포기하지 않고 묻고 들으려 한 시인이다. 몸은 나이를 먹었지만 시를 사랑하는 마음은 젊은이 못지않다. 그러니 "이상적인 생각으로 한 아름 / 가득 안고 있는 초보자"로서 "모르는 것이 / 출발의 신호탄"이 되어 그의 시작(詩作)에 힘을 가하는 것이다. 이게 바로 시인이 시를 대하는 열정이다.

> 해가 잠들어도 나는 잘 곳 없지만
> 시를 쓴다 철자법 모르고 띄어쓰기 모르고
> 통근 버스에서 공부를 한다

책장 넘기는 소리
시끄럽다 잠 좀 잡시다
한방을 쓰던 동료의 퉁명스런 목소리
중단하고 작업장에서 손톱 글 쓰다
아들에게 소프트웨어 여는 법 배워 독수리
타법으로 콕콕 글자가 된다!

갑자기 눈가가 뜨거워지면서 잠자던
열정이 살아나고
이런 설렘은 처음이다.

― 「열정」에서

  여기서 굳이 시인의 학력이나 경력을 들먹일 필요는 없을 것이다. 가난한 살림살이 팔 남매 속에 자라며 제대로 배우지 못하고 어려서부터 일을 했다. 그러나 가슴속에는 늘 시심(詩心)이 가득했고, 뒤늦게 알게 된 시쓰기에서 그동안 못 다한 것을 채우려 남보다 몇 배 노력을 했다. 비록 "철자법 모르고 띄어쓰기 모르"지만 언제나 손에는 시집을 들고 있었고, 때로는 동료들로부터 핀잔도 들었다. 뒤늦게 아들에게 배운 컴퓨터 자판을 통해 그는 시를 쓴다. 얼마나 기쁘겠는가. "잠자던 / 열정이 살아나"는 것은 당연하고 설렘은 그만큼 컸으리라.

그런 노력을 하면서 시인은 시간을 헛되이 보내는 사람들을 질타한다.

> 적당히, 느긋하게
> 목적도 정해두지 않고
> 습관으로 티브이를 켜고
> 의미 없는 프로 보며 한잔하고
> 피곤하다 욕조에 푹 몸 담그면 졸음이 끌고 간다
> 돈은 아까워 남에게 주려 하지 않으면서
> 귀중한 시간은
> 그냥 뿌려댄다.
>
> - 「도둑맞은 시간」에서

뒤늦게 시를 쓰게 된 시인은 부단한 노력을 한다. 그런데 자신의 노력과 달리 주변 사람들은 시간이 헛되이 보내고 있다. 일을 하는 틈틈이 붓글씨를 쓰고 시쓰기를 배우고 익히면서 한 시도 허투루 보내지 않는 시인. 그러니 "돈은 아까워 남에게 주려 하지 않으면서 / 귀중한 시간은 / 그냥 뿌려"대는 사람들이 한심하게 보였으리라. 그만큼 시쓰기에 열정을 보인 것이다.

  그의 서예 실력은 이미 정평이 나 있다. 「몽당붓」과 「목련 붓」을 보면 서예에 대한 시인의 일가견을 알 수 있다.

    하얀 표면 위 새워놓은 아픈 사연
    지웠다 다시 새기며 자꾸 짧아지는
    무수한 비명이 부딪치는 굴레들 뒤로
    내 몸 마른 울음으로 떨리는 의미 똑바로 세우기 위해
    종이 칼날에 매일 살점 조금씩 떼어내야만 했다.

    - 「몽당붓」에서

    오체투지 예를 다하듯
    순서대로 머물다 먼저 진 것 전서다
    남풍이 속치마 휘감고 꼬여진 실오라기 초서
    진눈깨비 무거워 떨어진 획 예서
    봄바람 불 때 삭발하듯 떨어진 잎은 행서
    읽을 때마다 낱장으로 날려
    한 획씩 이익공 다포 건축 조립하는 해서
    장인이 만들어 놓은 듯

    세상 이야기 너무 아름다워

곁에 오래 머물지 않는다
뚝뚝 떨어진다 목련꽃.

- 「목련 붓」에서

　서예를 한두 해 연습하면 저런 표현이 나올까. 붓과 먹 그리고 화선지 위에 움직이는 손이 하나가 될 때에야 가능하지 않을까. "무수한 비명이 부딪치는 굴레"나 "종이 칼날에 매일 살점 조금씩 떼어내야만 했다"도 그렇지만 전서, 초서, 행서, 해서를 목련 꽃잎에 비유한 저 수식들은 꽃잎에 대한 심미안만이 아니라 서예에 일가견이 있지 않고는 할 수 없는 표현들이다.

V. 나가면서 - 경륜과 늦깎이의 열정

　앞에서 박 시인을 늦깎이라 했다. 나이로 보면 맞는 말이다. 그러나 나이 든 사람이 쓴 시라 하여 모두가 고리타분하다거나 인생 경험만 담기는 것은 아니다.

새 눈으로 소원하더니
겨드랑이 근질근질 긁어 대더니

따뜻한 햇볕 끓어 내려

울타리마다 봄을 색칠하고 있다

마디마디 노란 웃음 내뱉고 있다

오가던 바쁜 발자국 소리도

출근 시간이 지난 초침 소리도

노랗게 마주 보며 손잡고

까불까불 재깍재깍 함께 웃는다

오늘은 참 좋은 일들이

노랗게 피어날 것 같다.

- 「봄 전령」 전문

 제목과 내용이 "봄의 전령"이라서 그런지 시가 참 밝다. 게다가 이 시를 고희를 넘긴 사람이 썼다고 하기에는 그 감각이 참 젊다. 바로 몸은 나이를 먹었지만 시인의 시적 감각, 상상력은 아직 젊다는 뜻이다.
 물론 시인의 경륜을 보여주는 시들도 있다.

 절대로

 그 자리를

떠나지 않는다.

우직하게
지키다 보면
주인이 된다.

— 「바위의 족보」 전문

두 문장을 두 연 여섯 행으로 배열한 이 시는 젊은이의 상상력으로는 나오기 힘들다. 삶의 경륜이 오래되어 주변 사물에 대한 인식 수준이 있어야 바위를 통해 이런 추론을 할 수 있을 것이다. 비단 사물만이 아니다.

세상에서 너와 나는
상처를 주고받으며 살아간다
남의 상처를 아파하는 사람은 아름답다
남편의 어린 시절을 알게 되면
그의 오늘을 알 수가 있고
아내가 고개를 외로 돌려 듣는 습관을
오랫동안 바라보게 되면
아내를 더욱 깊게 사랑할 수 있게 된다.

— 「상처 싸매기」 전문

'상처 싸매기'란 제목이 어딘가 어색하게 느낄 수 있겠지만, 남편과 아내가 서로의 지난 삶 속 상처를 알고 이해하고 감싸 줄 때에 사랑이 된다는 말은 사랑을 하고 결혼을 하여 아이를 낳고 키워보지 않고는 할 수 없는 말이다.

박 시인의 경륜은 시편 곳곳에 나타난다.

> 가벼워지는 일은
> 부끄러운 일이 아니다
>
> 높은 바람은
> 높은 산에 분다.

— 「가난」에서

> 어떤 경우라도
> 아집은 돌이 될 뿐이다.

— 「절대로」에서

> 진정한 고수는 상대가 나를

이겼다고 생각하게 만들어놓고
자신이 원하는
목적을 얻는다.

　　- 「말의 기술」에서

　이런 말들은 아무나 쉽게 할 수 있는 표현들이 아니다. 살아가며 사색하고 그리고 시인의 시선으로 깨달은 삶의 지혜가 몇 개의 단어로 요약된다. 바로 시인의 나이만큼의 경륜이 있어야 가능한 말들이다.

　　　　　　　　　　＊

　박용섭 시인의 시집 『나는 사과나무가 되고 싶다』를 간략하게 일별했다. 혹자는 박 시인의 시를 읽으며 시의 완성도 혹은 각 편의 문예미학적 가치로 볼 때에 부족한 면이 있다고 말할지도 모른다. 맞는 말이다. 제목이 어울리지 않는 시도 있고 내용상 너무 많은 생략으로 시인의 상상력을 독자의 상상력이 따라가지 못하는 시도 있다. 시를 좀 안다는 사람이라면 이 시집에 수록된 시편들에서 시의 구성과 표현, 행과 연의 구분 그리고 맞춤법과 어법에 이르기까지 모자라는 부분을 얼마든지 찾아내어 지적할 수 있을 것이다.

  그런 점을 알기에 해설을 겸한 발문에 보태고 싶은 말은 박용섭의 이 시집 『나는 사과나무가 되고 싶다』에 수록된 79편의 시를 한 편 한 편 따져가며 읽지 않으면 좋겠다는 것이다. 그렇게 독립된 시들로 읽기보다는 오히려 시집 전편에 흐르는, 즉 79편 전체를 관통하는 시인의 의도를 읽을 때에 보다 더 시의 맛을 느낄 수 있지 않을까 싶다. 그래서 필자는 이 시집에 수록된 시를 79 편으로 읽지 않았다. 오히려 79개 연으로 된 한 편의 시로 읽었다.

  그렇게 읽으니 시인 박용섭의 시를 쓰는 자세는 물론 그의 경륜 그리고 사물과 관념에 대한 인식수준 나아가 그의 꿈까지 눈에 보였다. 비록 늦깎이로 시인이 되었지만 그는 어느 초보자 못지않은 열정으로 시를 대하고 있다. 그의 삶을 어렴풋하게나마 알고 있기에 시를 읽으면 그의 눈빛, 얼굴 그리고 흐르는 땀과 해맑게 웃는 표정이 보인다. 그래서 "때로는 모르는 것이 / 출발의 신호탄이 될 수도 있다"는 시인의 말처럼 박 시인의 다음 시편들이 더욱 기대된다.